3 avril 1900

VENTE DU MARDI 3 AVRIL 1900

HOTEL DROUOT, SALLE N° 11

à deux heures

OBJETS D'ART

ET DE

CURIOSITÉ

DE LA CHINE ET DU JAPON

LAQUES, BOIS, IVOIRES, NETZUKÉS

Armes, Céramique, Bronzes

ESTAMPES, ÉTOFFES

MEUBLES

EXPOSITION PUBLIQUE

LE LUNDI 2 AVRIL 1900

DE 1 HEURE 1/2 A 5 HEURES 1/2

COMMISSAIRE-PRISEUR

Mᵉ P. CHEVALLIER

10. rue Grange-Batelière

EXPERTS

MM. MANNHEIM

7, rue Saint-Georges

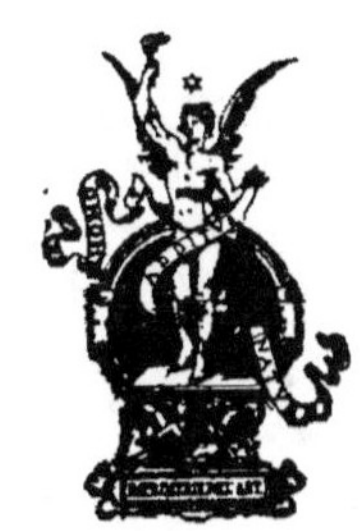

CONDITIONS DE LA VENTE

Elle sera faite au comptant.

Les acquéreurs paieront *cinq pour cent* en sus des adjudications.

L'exposition mettant le public à même de se rendre compte de l'état et de la nature des objets, il ne sera admis aucune réclamation une fois l'adjudication prononcée.

Paris. — Imp. de l'Art, E. Moreau et Cⁱᵉ, 41, rue de la Victoire.

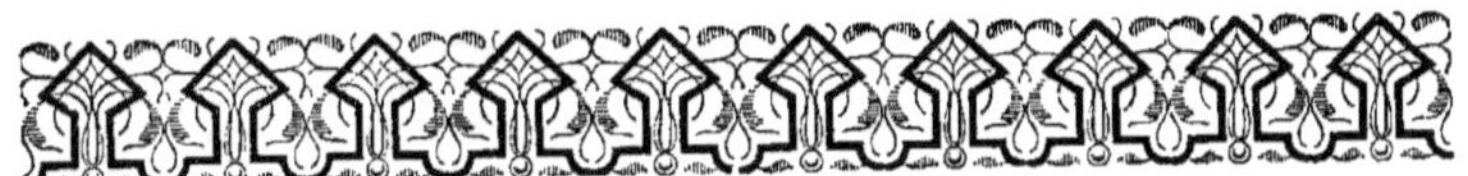

DÉSIGNATION DES OBJETS

LAQUES, BOIS, IVOIRES
NETZUKÉS DU JAPON

1 — Boîte oblongue et haute en ancien laque du Japon, décor de rochers, oiseaux et paysages, laqués or à relief sur fond noir.

2 — Boîte haute de forme contournée, laque du Japon; fond aventurine; sur le couvercle, un petit rocher.

3 — Boîte lenticulaire, laque noir et or : la lune vue à travers les roseaux. Japon.

4 — Boîte de forme contournée, laque du Japon : paysages.

5 — Boîte en forme de rouleau déplié; laque d'or. Japon.

6 — Boîte en forme d'œuf, laque du Japon : oiseau et arbuste.

7 — Boîte, laque du Japon, en forme de biva.

8 — Deux boîtes : l'une. plate et ovale, oiseaux; l'autre, en forme de losange, avec plateau intérieur. Laque du Japon.

9 — Inro en laque du Japon : démon et guerrier.

10 — Cinq petites coupes, laque du Japon, fond rouge.

11 — Petit bol, laque d'or du Japon, orné de coquillages.

12 — Boîte, forme coquille, en laque d'or du Japon.

13 — Boîte, en forme d'éventails, laque du Japon ; décor de fleurs.

14 — Boîte à mouches, laque du Japon ; couvercle en métal ajouré ; décor de fleurs.

15 — Boîte rectangulaire, laque du Japon : oiseaux, en application de nacre, sur un pont.

16 — Trois pièces : très petit kakemono et deux plateaux dont un burgauté : canards, paysages. Laque du Japon.

17 — Panneau japonais en bois laqué : corbeaux au clair de lune.

18 — Boîte en forme de coquille, surmontée d'une figurine. Bois partiellement laqué. Japon.

19 — Petit tronc d'arbre, bois sculpté. Japon. Signé : *Mossouao*.

20 — Boîte lenticulaire : bois partiellement laqué, avec applications Japon : insectes. Signée : *Téghi*.

21 — Boîte ronde, bois avec applications d'ivoire, etc., feuillages. Japon.

22 — Arbuste, rocher et écureuils ; bois sculpté. Japon.

23 — Deux boîtes lenticulaires, bois naturel sculpté : paysage, guerrier et dragon. Japon.

24 — Très petit cabinet en ivoire japonais.

25 — Six pièces : petit brûle-parfum cylindrique en ivoire laqué ; deux petits pitongs cylindriques, ivoire ; petite boîte cylindrique, ivoire, laqué ; petite boîte simulant un tronc d'arbre, ivoire et étui plat. Japon.

26 — Œuf laqué du Japon, décor de paysages ; monté bronze et onyx.

27 à 35 — Trente-deux pièces : netzukés et figurines, ivoire et bois. Japon. Seront divisées.

CÉRAMIQUE DE LA CHINE
ET DU JAPON

36 — Vase en ancienne porcelaine blanche de Chine, gaufrée sous couverte, décor de fleurs.

37 — Bouteille en ancien céladon bleu-turquoise de la Chine.

38 — Vase en forme de fruit, en céladon gris de la Chine, décoré d'un reptile. Pied en bois.

39 — Deux statuettes de Kouan-in, en ancienne porcelaine blanche de la Chine.

40 — Trois pièces : deux petites bouteilles et petit éléphant, blanc de Chine à décor de fleurs.

41 — Vase, dragons Chine. Époque Kien-lung.

42 — Vase, céladon gris-craquelé, avec zones de biscuit brun. Chine.

43 — Deux pièces : petit cornet, céladon brun; vase, céladon vert, dragons. Chine.

44 — Vase grès chinois, flambé lie de vin.

45 — Chien couché portant un petit vase. Chine.

46 — Trois pièces : petite boîte carrée ; petite jardinière carrée, et petite coupe forme chauve-souris. Chine.

47 — Deux vases-rouleaux, en porcelaine de Chine : fleurs et oiseaux.

48 — Vase en ancien grès de Chine, émaillé gris bleu. *Vente de Goncourt.*

49 — Brûle-parfum cylindrique, décoré de fleurs et carrelages. Imari. Couvercle ajouré de bronze du Japon. Signé : *Massahiro.*

50 — Deux pièces : porte-fleur-applique, décoré d'un cheval, Imari, et bol avec couvercle à décor de personnages, porcelaine du Japon.

51 — Porte-bouquet, en forme de poisson, porcelaine blanche de Hirado.

52 — Deux compte-gouttes : l'un, forme statuette ; l'autre, forme canard. Porcelaine du Japon.

53 — Deux vases, Kioto, décor de fleurs.

54 — Fleur. Satzuma. *Vente Marquis*.

55 — Deux bouteilles, grès flambé de Takatori.

56 — Deux pièces : bouteille, grès gris et vert du Japon ; et vase, forme poisson, poterie du Japon.

57-58 — Huit théières variées, poterie du Japon.

59 — Petit groupe : jeune femme et trois enfants, poterie du Japon.

60 — Statuette de femme debout, tenant un vase, poterie du Japon.

61 — Douze pièces, poterie du Japon : pot ovoïde granulé, petite boîte lenticulaire, deux compte-gouttes, pot à fard truité, petit bol, Soma, petite coupe, Kin-Kozan, porte-fleurs simulant un lotus, coupe avec poisson rouge, deux bols et petit vase.

62 — Neuf pièces : cinq appliques porte-fleurs variées, terre et porcelaine, Japon, et quatre soucoupes, porcelaine.

63 — Trois pièces : deux vases, porcelaine de Chine, à personnages, et cache-pot. décor bleu, porcelaine de l'Inde.

64 — Deux pièces : pot ovoïde, décor bleu et figurine de Chinois. Porcelaine de Chine.

OBJETS DIVERS

DE L'EXTRÊME ORIENT

65 — Deux pitongs cylindriques en fer, incrusté d'or, à décor de fleurs. Japon.

66 — Brûle-parfum japonais, en argent gravé, décoré de dragons.

67 — Poignard japonais, orné de singes en bronze et de petites appliques en or.

68 — Poignard japonais, à fourreau aventuriné.

69 — Poignard japonais, à fourreau laqué à rayures noires.

70 — Poignard japonais, à fourreau laqué noir, décoré de poissons en cuivre.

71 — Deux gardes de sabres japonais en fer, avec applications.

72 — Trois petites appliques japonaises, deux en bronze : personnages, et une en argent : guerrier et dragon.

73 — Deux pièces : manche de kodzuka en shibuitshi, orné d'une divinité en or ; signé : *Anadzui*, et théière, fer. Japon.

74 — Deux pipes japonaises : l'une, fer et argent, signée : *Kadzounori* ; l'autre, garnie de shibuitshi : guerriers.

75 — Jouet chinois, amazone ; cuivre.

76 — Palanquin chinois en corne.

77 — Pagaie en bois sculpté. Travail des colonies hollandaises.

78 — Boîte, bois partiellement laqué. Japon.

ESTAMPES ET AQUARELLES

DU JAPON

79 — Panneau peint, japonais : fleurs, par *Yamamoto*.

80 — Aquarelle japonaise : guerrier et enfant.

81 — Aquarelle japonaise sur satin : oiseaux sur une branche.

82 — Trois dessins japonais : sennins. Cadres bambou.

83 — Cinq estampes japonaises, de Hiroshighé, Hokusaï, Yeisan et Kouniyoshi.

84 — Vingt-trois estampes japonaises, de Hiroshighé.

85 — Deux kakemonos : l'un, sur gaze; l'autre, décoré de divinités. Japon.

BRONZES JAPONAIS ET CHINOIS

86 — Grand vase en bronze niellé, incrusté et damasquiné or et argent. Japon. Pied en bois de fer niellé, signé : *Maru-Naka*. Haut. totale, 1 m. 10 cent.

87 — Fontaine en bronze niellé argent ; chimères en ronde bosse ; socle rond en bois.

88 — Brûle-parfum cylindrique japonais, en bronze partiellement doré et niellé argent, décor de fleurs ; couvercle ajouré en bois, avec figurine de jade.

89 — Deux anses-dragons, bronze japonais.

90 — Trois pièces en bronze du Japon : bouteille, décorée d'un colimaçon, et deux très petites bouteilles à anses ajourées.

91 — Brûle-parfum cylindrique, avec couvercle ajouré, bronze ; éléphant sur le couvercle. Chine.

92 — Brûle-parfum lobé, décoré de fleurs, pied et couvercle en bois. Ancien bronze de la Chine.

93 — Théière, décorée de lambrequins, avec chimère sur le couvercle. Ancien bronze de la Chine.

94 — Brûle-parfum cylindrique, anses chimères, et pied rond. Bronze de la Chine.

OBJETS VARIÉS

95 — Statuette en terre cuite, de *Carrier-Belleuse* père .
la Musique.

96 — Statuette en terre cuite, de femme nue, de *Roenitzer*.

97 — Épingle de cravate : petites perles montées argent.

98 à 101 — Sous ces numéros, plusieurs volumes reliés ou
brochés : le *Japon artistique*, édition sur papier du Japon ; *Galerie des Femmes célèbres*, de Sainte-Beuve ;
les *Femmes du temps passé*, de A. Houssaye, etc.

102 — Lustre et trois appareils à gaz.

103 — Veuilleuse en bronze doré, style gothique, *Maison
Barbedienne*.

104 — Pelle, pincettes et garde-feu, bronze, style Louis XV.

105 — Sous ce numéro, tableaux variés.

MEUBLES

106 — Paravent japonais à quatre feuilles, en velours ciselé
à fleurs et oiseaux sur fond blanc.

107 — Table en bois de fer.

108 — Meuble-coffre à portes et tiroirs en laque à relief et à
fond noir à paysages, garnitures de cuivre. Japon.

109 — Table sur pieds en bois tourné.

110 — Petite vitrine, bois de fer, de *Dromard*.

111 — Vitrine haute de milieu en bambou, décorée de panneaux japonais.

112 — Vitrine, bois noir.

113 — Glace-étagère, bambou.

114 — Deux socles en bois garnis de velours rouge.

115 — Six glaces en hauteur, cadres en bois.

116 — Glace, cadre peluche.

117 — Meuble à hauteur d'appui, en bois sculpté, fermant à deux portes.

118 — Lit en bois sculpté.

119 — Armoire à glace assortie.

120 — Chaise longue et chaise basse; deux escabeaux, noyer.

ÉTOFFES, TAPIS

121 — Foukousa en soie japonaise, orné de deux réserves en forme d'éventails sur fond damassé, vieux rose. Encadré. Décrit dans la « Maison d'un artiste », par de Goncourt. *Vente de Goncourt.*

122 — Robe japonaise en crêpe brodé.

123 — Sept écharpes algériennes.

124 — Deux panneaux, soie brochée à motifs irréguliers.

125 — Tapis oriental, broderie de soie à personnages.

126 — Tapis d'Orient.

127 — Lot de tenture en reps et peluche.